Vorwort

Hurra, der Sommer ist da. Wer denkt da nicht an knackige Salate mit frischen Dressings, Grillgenuss und zart zerlaufende Butter auf würzig mariniertes Fleisch.

Viele inspirierende Rezepte für die Grillzeit, mit Hilfe des Thermomixes zubereitet.

Freuen Sie sich auf ein ganz besonderes Genusserlebnis.

Alle Rezepte sind auch für Koch-Anfänger geeignet

Inhaltsangabe

Grillsaucen

- Pflaumentraum-Sauce
- Cola-Sauce
- Oliven-Sauce
- Grillsauce chinesisch
- Stachelbeer-Sauce
- Petersilien-Zitronen-Sauce
- Bärlauch-Senf-Sauce
- Käse Sauce
- Erdbeer-Salsa
- BBQ-Sauce
- Zitronen-Sauce
- Rhabarber-Ketchup
- Joghurt-Knoblauch-Sauce
- Mangosauce
- Englische Barbecuesauce
- Birnen-Senf-Sauce
- Zucchini-Relish
- Guacamole
- Weisswein-Zwiebel-Sauce
- Senf-Kiwi-Sauce
- Cocktail-Sauce

- Teufels-Sauce
- Salsa-Sauce
- Süsse-Chili-Sauce

<u>Salat-Dressings</u>

- Joghurt-Dressing
- Dill-Dressing
- Gorgonzola-Dressing
- Ingwer-Joghurt-Dressing
- Erdbeer-Balsamico-Dressing
- Himbeer-Dressing
- Paprika-Salatsauce
- Honig-Orangen-Dressing
- Rotes-Feines-Salat-Dressing
- Rotwein-Dressing

Marinaden

- Senf-Honig-Marinade
- Knoblauch-Marinade
- Zitronen-Chili-Marinade
- Curry-Marinade
- Zarte-Sahne-Grillmarinade
- Gyros-Marinade
- Barbecue-Marinade
- Altbier-Marinade
- Fisch-Marinade

Butter und Dips

- Bärlauch-Ajvar-Butter
- Paprika-Dip
- Tomaten-Parmesan-Butter
- Tomaten-Basilikum-Knoblauch-Butter
- Bärlauch-Walnuss-Butter
- Eier-Senf-Butter
- Parmesan-Kresse-Butter

Grillsaucen

Pflaumentraum-Sauce

Zutaten
900g Pflaumen ohne Kern
#200g Zwiebeln halbiert
4 Zehen Knoblauch
Ingwer 1 Tl
1 Tl Koriander
1 El Currypulver
3 kleine Chilischoten
300g brauner Zucker
150 ml milder Weißewein Essig
etwas Meersalz

Zubereitung
Alles zusammen in den Mixtopf geben. 30 Sekunden/Stufe 5 zerkleinern. 40 Minuten auf Varomastufe köcheln. Abfüllen.

Cola-Sauce

Zutaten
1 Zwiebel halbiert
1 Zehe Knoblauch
20g Öl
300 g Ketchup
180 g Cola
5g Chilipulver
10 Essig
20 g Worcestersauce
10g Zucker

Zubereitung
Die Zwiebel und den Knoblauch in den Mixtopf geben. Auf Stufe 5/15 Sekunden zerkleinern. Die anderen Zutaten in den Mixtopf geben und 9 Minuten/ Varomastufe 90 Grad/ Stufe 3 einkochen. Fertig ist die Sauce.

Oliven-Sauce

Zutaten
350g schwarze Oliven ohne Steine
2 Knoblauchzehen
unbehandelte Schale von einer Zitrone
30 ml Limettensaft
40 gr. Semmelbrösel
70 gr. Frischkäse
Salz und Pfeffer
20 ml Olivenöl

Alles zusammen in den Mixtopf geben. Auf Stufe 5 / 2 Minuten. Fertig ist eine cremige Sauce.

Grillsauce chinesisch

Zutaten
220g Zucker
40g Ingwer
60 ml Rotweinessig
etwas Salz
etwas Pfeffer
1TL Sambal Oelek
30 ml Soja Sauce
10g Stärke

Zubereitung
Alles zusammen in den Mixtopf geben. Auf Stufe 5/30 Sekunden mischen. Jetzt auf Varomastufe 90 Grad/ Rührstufe/ 12 Minuten einkochen.

Stachelbeer-Sauce

Zutaten
6 getrocknete Aprikosen
1 EL Rosinen
1 Zwiebel
1 Knoblauchzehe
500g Stachelbeeren
4 EL Zitronensaft
4 EL Obstessig
1TL Salz
1 Prise Zimt
etwas Zitronenschale
250g Gelierzucker

Zubereitung
Die Stachelbeere, Aprikosen, Rosinen und Knoblauchzehe, sowie Zitronenschale in den Mixtopf geben. 1 Minute auf Stufe 5 zerkleinern. Ab und zu mit dem Spatel nachschieben. Jetzt alles 12 Minuten/ Varomastufe/ 90 Grad/ Rührstufe köcheln. Alles nochmals 30 Sekunden auf höchster Stufe mischen.

Petersilien-Zitronen-Sauce

Zutaten
3 Bund glatte Petersilie
2 Knoblauchzehen
50g Walnusskerne
20g Pinienkerne
50g alter Gouda
abgeriebene Schale von 1 unbehandelten Zitrone
200 ml Olivenöl
Salz
Zubereitung
Die Pinienkerne, die Walnüsse und en Gouda in den Mixtopf geben. 1 Minute/ Stufe 5. Jetzt die anderen Zutaten einfüllen. 5 Minuten auf Varomastufe 90 Grad / Rührstufe erwärmen. Alles nochmals auf höchster Stufe durchmischen. Sauce umfüllen.

Bärlauch-Senf-Sauce

Zutaten
200 g gelbe Senfkörner
220g Wasser
250 g Essig
50 g Bärlauch
2 TL Salz/noch besser Kräutersalz
120 g Honig

Alle Zutaten zusammen in den Mixtopf geben. 6 Minuten/ Varomastufe 90 Grad/ Stufe 5.
Abfüllen.

Käse-Sauce

Zutaten
400 g Scheibletten Käse
1 Stück Peperoni
100 g Mais
1 TL Paprikapulver
1 TL Chilli- Knoblauchpulver
1 halben TL Salz
1 Spritzer Zitronensaft
1 Prise Muskat

Zubereitung
Alles zusammen in den Mixtopf geben. 30 Sekunden/ Stufe 5. Nun alles auf Varomastufe/ Rührstufe/ 90 Grad 12 Minuten köcheln. Fertig ist die Sauce.

Erdbeer-Salsa

Zutaten
300g Erdbeeren
1 Stück Peperoni rot
60g Tomatenmark
40g Apfelessig
80g Gelirzucker 2:1
10g Sambal Oelek
20g Worcestersauce
30g Sojasauce dunkel
1 TL Paprika edelsüß
1 TL Paprika scharf
etwas Pfeffer
1 TL Salz

Zubereitung
Erdbeeren und Peperoni in den Mixtopf geben. 30 Sekunden auf Stufe 10 pürieren. Nun die übrigen Zutaten einfüllen. Kurz auf höchster Stufe mixen. Alles 14 Minuten/ Varomastufe 90 Grad/ Rührstufe einkochen.

BBQ-Sauce

Zutaten
2 rote Chilischoten
400g Tomatenketchup
35g Weissweinessig
120g brauner Zucker
4EL starker Kaffee
60g Whiskey
70g flüssiger Honig

Alle Zutaten in den Mixtopf geben. Jetzt 30 Sekunden/ Stufe 5.
Auf Varomastufe 90 Grad/ Rühstufe/ 9 Minuten.
Die Sauce kann umgefüllt werden.

Zitronen-Sauce

Zutaten
200 ml Zitronensaft
10 g Speisestärke
120 g Blüten- oder Akazienhonig

Alles zusammen in den Mixtopf geben. 15 Sekunden/ Stufe 5 mischen.
Auf Varomastufe/ 90 Grad/ Rührstufe 9 Minuten köcheln. Fertig.

Rhabarber-Ketchup

Zutaten
250g Rhabarber
100g Kirschtomaten
1 kleine rote Zwiebel
35g Essig
1/2 frische Chilischote, entkernt
1 Gewürznelke
1 kleines Lorbeerblatt
2 TL Senf
75g Zucker
1 TL Abrieb von einer Zitrone
40g Tomatenmark
Salz, Pfeffer und Curry nach Geschmack (Curry englisch)

Zubereitung
Alles zusammen in den Mixtopf geben. 30 Sekunden/Stufe 5 zerkleinern. 30 Minuten auf Varomastufe 90 Grad/Rührstufe köcheln. Abfüllen.

Joghurt-Knoblauch-Sauce

Zutaten
1 Becher Natur Joghurt
1 Flasche Remoulade
2 Knoblauchzehen
1-2 TL Zitronensaft
1-2 TL Senf
Salz, Pfeffer, Chillipulver, Prise Zucker
Kräuter (z.B. Petersilie, Schnittlauch, Dill, Basilikum)

Zubereitung
Alles in den Mixtopf geben. Erst 15 Sekunden langsam auf Stufe 1 rühren, dann nochmals 15 Sekunden auf Turbo. Umfüllen.

Mangosauce

Zutaten
1 Mango
1 EL Balsamico-Essig
1 Orange
1-2 TL Zitronensaft
1 Prise Zucker
Salz + Cayennepfeffer

Zubereitung
Die Mango schälen und entkernen. In den Mixtopf geben. Auf Stufe 5 / 30 Sekunden pürieren. Nun die anderen Zutaten hinzugeben und auf höchster Stufe 30 Sekunden mixen. Umfüllen.

Englische Barbecue-Sauce

Zutaten:
40ml Wocestersauce
50g Zucker
2 Zwiebeln
1 Flasche Ketchup
100ml Weisswein
Pfeffer

Zubereitung
Die Zwiebeln schälen und halbieren. In den Mixtopf geben. Auf Stufe 5 / 15 Sekunden zerkleinern. Jetzt die anderen Zutaten hinzugeben. 1 Minute auf Stufe 5 rühren. Fertig.

Birnen-Senf-Sauce

Zutaten
2 Dosen Birnen
150 ml ungesüßter Birnensaft
150 ml Weißweinessig
150g brauner Zucker
30g gelbes Senfmehl

Zubereitung
Die Dosen öffnen und den Saft abschütten. Die Birnen in den Mixtopf geben und auf Stufe 5 / 30 Sekunden zerkleinern. Die Restlichen Zutaten hinzugeben. Kurz durchmixen. Auf Rührstufe /Varomastufe 90 Grad/ 30 Minuten kochen. Die Sauce kann umgefüllt werden.

Zucchini-Relish

Zutaten
1000g Zucchini
200g rote Paprikaschote
1 Bd. Frühlingszwiebeln
2 Nektarinen
220 ml weißer Balsamicoessig
300 ml Orangensaft.
260g Gelierzucker 2:1
je 1 Tl. Salz, gem. schwarzer Pfeffer, Paprikapulver, Currypulver, gelbe Senfkörner, ganze schwarze Pfefferkörner

Zubereitung
Die Zucchini, Paprika, Nektarinen und Frühlingszwiebeln in den Mixtopf geben. Alles 30 Sekunden auf Stufe 5 zerkleinern. Jetzt die übrigen Zutaten hinzufügen und 15 Sekunden auf höchster Stufe mixen. Jetzt alles auf Varomastufe 90 Grad/ Rührstufe / 40 Minuten kochen. Die Sauce kann abgefüllt werden.

Guacamole

Zutaten
2 Stück Avocados
400g Frischkäse
3 Stück Knoblauchzehen
1/2 Teelöffel Pfeffer, schwarz
1/2 Teelöffel Paprika, edelsüß
2 Teelöffel Salz
2 Teelöffel Zitronensaft

Zubereitung
Die Avocados halbieren. Den Stein entfernen. Das Fruchtfleisch auskratzen und in den Mixtopf geben. 10 Sekunden auf Stufe 5 durchmixen. Jetzt die restlichen Zutaten hinzugeben. Alles 30 Sekunden auf höchste Stufe mixen. Die Sauce kann abgefüllt werden.

Weisswein-Zwiebel-Sauce

Zutaten
600g Zwiebeln, geviertelt
3 EL Öl
2 Lorbeerblätter
1 Prise Salz
200g Zucker
250g Weißweinessig
1 TL Curry

Zubereitung
Die Zwiebeln in den Mixtopf geben. Auf Stufe 5 / 6 Sekunden zerkleinern. Jetzt das Öl hinzugeben. Auf Varomastufe/ Rührstufe/ 3 Minuten dünsten. Jetzt die restlichen Zutaten hinzugeben. Alles 30 Minuten/ Varomastufe 90 Grad/ Rührstufe einkochen. Die Sauce in Flaschen oder Gläsern abfüllen und im Kühlschrank aufbewahren.

Senf-Kiwi-Sauce

Zutaten
50g gelbe Senfkörner
150g Kiwis
50g Zucker
50g weißer Balsamico

Die Senfkörner in den Mixtopf geben. Auf Stufe 5 / 30 Sekunden zerkleinern. Jetzt die restlichen Zutaten hinzugeben. Auf höchster Stufe 30 Sekunden mixen. Jetzt auf Varomastufe 90 Grad/ Rührstufe/ 20 Minuten. Alles in Gläsern füllen.

Cocktail-Sauce

Zutaten
400g Mayonnaise
150g Joghurt natur
200g Tomatenketchup
2 Schnapsgläser Cognac
einige Spritzer Tabasco

Zubereitung
Alles zusammen in den Mixtopf geben. Auf höchster Stufe 30 Sekunden mixen. Fertig ist die Sauce.

Teufels-Sauce

Zutaten
1 rote Paprika
500 g Tomaten
2 Knoblauchzehen
1 rote Chilischote
1 TL Olivenöl
1/8 l Gemüsebrühe (Instant)
Salz
weißer Pfeffer
50g Zucker
20g Essig

Zubereitung
Paprika, Tomaten, Knoblauchzehen und Chilischote in den Mixtopf geben. Auf Stufe 5 / 30 Sekunden zerkleinern. Jetzt die anderen Zutaten einfügen. Alles auf höchster Stufe 30 Sekunden mixen. Auf Varomastufe 90 Grad / Rührstufe / 20 Minuten einkochen.

Salsa-Sauce

Zutaten
2 Zwiebeln
2 Zehen Knoblauch
2 EL Olivenöl
1 Stück Paprikaschote
70g Tomatenmark
50g Essig
50g Wasser
30g Gelierzucker 2:1
1 EL Sojasosse
1 TL Salz
1/2 TL Paprika
1/2 TL Pfeffer
1/2 TL Currypaste rot
1 Stück Chillischote
1 EL Speisestärke

Zubereitung
Zwiebeln, Knoblauch und Paprika in den Mixtopf geben. 15 Sekunden auf Stufe 5 zerkleinern. Jetzt die restlichen Zutaten hinzugeben. 1 Minute auf Stufe 5 mischen. Auf Varomastufe 90 Grad/ Rührstufe/20 Minuten einköcheln.

Süsse Chili-Sauce

Zubereitung
300g Zwiebeln
1 Apfel, geschält und geviertelt
1 Paprika rot
400g Zucker
1000g stückige Tomaten (Konserve)
1 EL Salz
2 TL edelsüßes Paprikapulver
3 TL Sambal Oelek
1 Messerspitze Piment
1 TL Koreander
150 g Obstessig

Zwiebel, Apfel und Paprika in den Mixtopf geben. Auf Stufe 5 eine Minute lang zerkleinern. Die restlichen Zutaten einfügen. Auf höchster Stufe 30 Sekunden mischen. Nun auf Varomastufe 90 Grad/ Rührstufe/ 30 Minuten einkochen. In Gläsern oder Flaschen abfüllen.

Salat-Dressings

Joghurt-Dressing

Zutaten
90g Essig
130g Wasser
90g Zucker
15g Kräutersalz
10g Gemüsebrühe
150g Joghurt
400g Schmand
20g Senf
60g Sonnenblumenöl
1 EL getr. Petersilie/Schnittlauch
50g Gewürzketchup
2 TL Pizzagewürz
1/2 TL Paprika süss
1-2 Messerspitze Paprika scharf
1 Prise Pfeffer

Zubereitung
Alle Zutaten zusammen in den Mixtopf geben. 30 Sekunden auf Stufe 1 mixen. Das Dressing kann in Flaschen abgefüllt werden.

Dill-Dressing

Zutaten
1 Bund Dill
250g Magermilchjohurt
50 g Öl
Salz, Pfeffer
30g Zucker

Zubereitung
Dill auf das laufende Messer fallen lassen. Jetzt die anderen Zutaten hinzugeben. Alles auf höchster Stufe 30 Sekunden rühren.

Gorgonzola-Dressing

Zutaten
100g Gorgonzola Käse
200g Buttermilch
150g Frischkäse
100 ml Zitrone
50g Öl
1 Teel. gekörnte Brühe
1 Teel. Senf
30g Zucker
2 Messl. Johannisbrotkernmehl (Bindobin)
Zubereitung
Alles zusammen in den Mixtopf geben und 1 Minute auf höchster Stufe mischen.

Ingwer-Joghurt-Dressing

Zutaten
150g Joghurt
1 EL Ingwer
100g Rapskernöl
50g Balsamico bianco
1 EL getrocknete Salatkräuter
1/4 TL Salz
Pfeffer aus der Mühle

Alles zusammen in den Mixtopf geben und 1 Minute auf höchster Stufe mischen.

Erdbeer-Balsamico-Dressing

Zutaten
200g Erdbeeren
300g dunkler Balsamico
100g Rohrohrzucker
1 Prise Salz
20g Speisestärke

Zubereitung
Die Erdbeeren in den Mixtopf geben und 30 Sekunden/Stufe 5 pürieren. Nun die anderen Zutaten hinzugeben. Jetzt 8 Minuten/Varomastufe 90 Grad/ Stufe 3. Das Dressing kann abgefüllt werden.

Himbeer-Dressing

Zutaten
200g Himbeeren
150g Olivenöl
50g Balsamico Essig
50g Wasser
Prise Salz + Pfeffer
100g Zucker

Himbeeren in den Mixtopf geben. Auf Stufe 5/ 30 Sekunden zerkleinern. Jetzt die übrigen Zutaten hinzugeben und 1 Minute auf höchster Stufe mixen. Die Sauce kann abgefüllt werden.

Paprika-Salatsauce

Zutaten
2 rote Paprika
1 Knoblauchzehe
2 Teelöffel Kräutersalz
90g Zucker
50g Senf
300g Wasser
120g Kräuteressig
150g Olivenöl

Paprika und die Knoblauchzehe in den Mixtopf geben. Auf Stufe 5/ 30 Sekunden zerkleinern. Jetzt die übrigen Zutaten hinzugeben und 1 Minute auf höchster Stufe mixen. Die Sauce kann abgefüllt werden.

Honig-Orangen-Dressing

Zutaten
50g kaltes Wasser
100g Orangensaft
1/2 Bd. Schnittlauch
1/2 Bd. Petersilie
1/2 Tl. weißer Pfeffer, gemahlen
1 Tl. Salz
1/2 Tl. Gemüsebrühe
50g Honig
40g Senf, mittelscharf
50g Zucker
50 g Rapsöl
50g Olivenöl

Zubereitung
Die Kräuter in den Mixtopf geben. Alles auf Stufe 5 / 15 Sekunden zerkleinern. Jetzt die restlichen Zutaten hinzugeben. Alles langsam 30 Sekunden / Stufe 1 rühren. Das Dressing ist fertig.

Rotes-Feines-Salat-Dressing

Zutaten
1 Zwiebel halbiert
1/2 Schote rote Paprika
20g Senf, mittelscharf
350 g griechischer Joghurt
20g Zitronensaft
30g Rapsöl
50g Agavendicksaft
60g Zucker
1 Prise Kräutersalz
1 Prise Pfeffer
1 Prise Salatkräuter

Zubereitung
Die Zwiebel und die Paprika in den Mixtopf geben. Auf Stufe 5/ 30 Sekunden zerkleinern. Die restlichen Zutaten hinzufügen. 12 Minuten / Varomastufe 90 Grad/ Rührstufe. Das Dressing kann in hübsche Flaschen abgefüllt werden.

Rotwein-Dressing

Zutaten
50g Rotwein
30g Weisswein
30g Himbeeressig
30g Sherryessig
200 g Gemüsebrühe
20g Tomatenmark
10g Senf mittelscharf
10g Dijon Senf grobkörnig
10g Senf süß
30g Honig
30g Sonnenblumenöl
30g Kürbiskernöl
30g Olivenöl
30g Rapskernöl
Salz und Pfeffer

Alles zusammen in den Mixtopf geben. 1 Minute/ Stufe 5 mischen. Das Dressing kann abgefüllt werden.

Marinaden

Senf-Honig-Marinade

Zutaten
1 Prise Pfeffer
1 EL Thymian
1 EL Koriander
1 Apfel
100 g Honig
60 g Senf
90 ml Olivenöl
1 Teelöffel Salz

Den Apfel in den Mixtopf geben. Auf Stufe 5/ 1 Minute zerkleinern. Nun die übrigen Zutaten einfüllen. Auf höchster Stufe 45 Sekunden mixen. Das Fleisch kann eingelegt werden.

Knoblauch-Marinade

Zutaten
4 Knoblauchzehen im TM zerkleinern
200g Tomatenmark
150g Tomatenketchup
50g scharfen Senf (oder mittelscharf geht auch)
250 g Honig
5 TL Kräuter der Provence
1 TL Salz
1 Prise Pfeffer
1 EL Essig
1 EL Sojasoße
300 ml Olivenöl

Zubereitung
Alles zusammen in den Mixtopf geben. Auf Stufe 5/ 2 Minuten mixen. Das Fleisch kann eingelegt werden.

Zitronen-Chili-Marinade

Zutaten
2 frische Knoblauchzehen
abgeriebene Schale einer unbehandelten Zitrone
1 kleine entkernte Peperoni-Schote
1/2 TL Pfefferkörner
2 TL Salz
2 TL Paprika edelsüß
100 ml Olivenöl

Zubereitung
Alles zusammen in den Mixtopf geben. Auf Stufe 5/ 2 Minuten mixen. Das Fleisch kann eingelegt werden.

Curry-Marinade

Zutaten
2 Zwiebeln halbiert
2 Knoblauchzehen
Salz
2 TL Currypulver
30g Sojasauce
schwarzer Pfeffer
Petersilie
150g Sonnenblumenöl

Zubereitung
Die Zwiebeln und die Knoblauchzehen in den Mixtopf geben. Alles auf Stufe 5 / 15 Sekunden zerkleinern. Jetzt die übrigen Zutaten einfügen. Alles nochmals auf höchster Stufe 1 Minute mischen. Das Fleisch kann eingelegt werden.

Süss-Saure-Marinade

Zutaten
1 Tl Ingwer gemahlen
2 Knoblauchzehen
100 ml Chilisauce
20 ml Worcestersauce
100 ml Honig
100 ml Walnussöl

Die Knoblauchzehen in den Mixtopf geben und auf Stufe 5 / 15 Sekunden zerkleinern. Die anderen Zutaten hinzugeben. Jetzt auf höchster Stufe 1 Minute mixen. Fertig.

Zarte-Sahne-Grillmarinade

Zutaten
2 El Salz
2 Tl Pfeffer
2 El Petersilie
1 El Dill
1 El Paprikapulver
3 große Zwiebeln halbiert
500g Tomaten
10 Knoblauchzehen
200 ml Olivenöl
800 ml Sahne

Zubereitung
Die Tomaten, Knoblauchzehen und Zwiebeln in den Mixtopf geben. Jetzt alles auf Stufe 5/ 1 Minute zerkleinern. Die restlichen Zutaten hinzugeben und nochmals 2 Minuten auf Stufe 2 mischen. Das Fleisch kann eingelegt werden und wird super zart.

Gyros-Marinade

Zutaten
120 ml Olivenöl
2 El Paprikapulver
1 Tl Oregano
1/2 Tl Kreuzkümmel
1/2 Tl Majoran
1 Tl Petersilie
1/2 Tl Pfeffer, weiß
1/4 Tl Salz
2 Knoblauchzehen
100 ml Limettensaft
2 große Zwiebeln halbiert

Zubereitung
Knoblauch und Zwiebeln in den Mixtopf geben. Auf Stufe 5 / 5 Sekunden zerkleinern. Die übrigen Zutaten hinzugeben und nochmals auf Stufe 5 / 30 Sekunden mischen.

Barbecue-Marinade

Zutaten
300g Tomatenketchup
80g Apfelessig
150g Worcester Sauce
100g Sojasoße
150g Rohrzucker
2 EL Senfpulver
1 TL Chilipulver
1 TL Ingwerpulver
4 Knoblauchzehen
500 ml Öl
100 ml Zitronensaft

Zubereitung
Die Knoblauchzehen in den Mixtopf geben und 5 Sekunden/ Stufe 5. Jetzt die anderen Zutaten hinzufügen. Auf höchster Stufe 1 Minute mischen. Fertig.

Altbier-Marinade

Zutaten
500g Altbier
300g Tomatenketchup
30g Senf
2 Zwiebeln halbiert
Pfeffer und Salz

Zubereitung
Die Zwiebeln in den Mixtopf füllen. Auf Stufe 5/5 Sekunden zerkleinern. Nun die anderen Zutaten hinzugeben und auf höchster Stufe 30 Sekunden mischen. Das Fleisch kann eingelegt werden.

Fisch-Marinade

Zutaten
4 Knoblauchzehen
1 El Petersilie
1 EL Schnittlauch
100g Zitronensaft
30g Weinessig
300g Olivenöl
1 EL Paprika
1 TL Oregano
1 TL Kümmel
1 Lorbeerblatt
Salz
Pfeffer

Zubereitung
Die Knoblauchzehen in den Mixtopf geben und auf Stufe 5 / 15 Sekunden zerkleinern. Jetzt die anderen Zutaten hinzufügen und auf höchster Stufe 1 Minute mischen. Der Fisch bleibt mit der Marinade sehr saftig.

Butter und Dips

Bärlauch-Ayvar-Butter

Zutaten
250g Butter zimmerwarm
100g Bärlauch
50g Ajvar scharf
1 Teelöffel Salz
Pfeffer
1 TL Paprika

Zubereitung
Alles zusammen in den Mixtopf geben. Auf höchster Stufe 30 Sekunden rühren. Umfüllen und kalt stellen.

Paprika-Dip

Zutaten
2 Paprika rot
1 Paprika gelb
250g Frischkäse
1/2 TL Salz
1/2 TL Pfeffer
1 TL Dill
300g Magerquark

Zubereitung
Paprika in den Mixtopf geben. Auf Stufe 5/30 Sekunden zerkleinern. Dann die restlichen Zutaten hinzugeben. Auf höchster Stufe 1 Minute mixen. Fertig ist ein cremiger Dip.

Tomaten-Parmesan-Butter

Zutaten
100 g Parmesan
1 Zehe Knoblauch
4 TL Pesto nach Wahl
60 g Tomatenmark
etwas Salz, Pfeffer, Chili, Basilikum
250 g Butter

Zubereitung
Den Parmesan in den Mixtopf geben. Auf Stufe 5/ 5 Sekunden. Jetzt die restlichen Zutaten in den Mixtopf geben. Auf höchster Stufe 30 Sekunden rühren. Eventuell ab und zu mit den Spatel nachschieben. Die Butter ist fertig.

Tomaten-Basilikum-Knoblauch-Butter

Zutaten
3 Zehen frischen Knoblauch
400g weiche Butter
50g Basilikumblätter, frisch
100g Tomatenmark
Salz und Pfeffer

Zubereitung
Die Knoblauchzehen und die Basilikumblätter ins laufende Messer fallen lassen. Jetzt die anderen Zutaten hinzufügen. Auf Stufe 5/ 1 Minute mixen.

Bärlauch-Walnuss-Butter

Zutaten
100g Walnusskerne
50g Bärlauch
20g Senf mittelscharf
50g Olivenöl
400g Butter zimmerwarm
Meersalz
Chiliflocken, getrocknet

Zubereitung
Die Walnusskerne und den Bärlauch in den Mixtopf geben. Auf höchster Stufe 30 Sekunden zerkleinern. Nun die übrigen Zutaten beigeben. Alles 1 Minute auf Stufe 5. Die Butter ist fertig.

Eier-Senf-Butter

Zutaten
1 Bund Schnittlauch
600g Butter zimmerwarm
5 harte Eier
50g Senf mittelscharf
Salz
Kräuter tiefgefroren

Zubereitung
Den Schnittlauch ins offene Messer fallen lassen. Nun die Eier hinzugeben. Auf Stufe 5/ 1 Minute zerkleinern. Übrige Zutaten einfügen. Auf höchster Stufe 1 Minute mixen.

Parmesan-Kresse-Butter

Zutaten
150g Parmesan
1 Knoblauchzehe
1 Kästchen Kresse
1 TL Kräutersalz
Pfeffer
300 g Butter, zimmerwarm

Zubereitung
Parmesan und Kresse in den Mixtopf geben. Auf höchster Stufe 15 Sekunden zerkleinern. Jetzt die anderen Zutaten hinzugeben und 1 Minute auf Stufe 5 zerkleinern.

Herstellung und Verlag:
BoD - Books on Demand, Norderstedt
ISBN 978-3-7357-1954-6